POEPLAU · IN DIE MITTE DER WELT FÜHRT DEINE SPUR

CIP-Kurztitelaufnahme der Deutschen Bibliothek
Poeplau, Wolfgang:
In die Mitte der Welt führt deine Spur:
Texte indian. Weisheit/Wolfgang Poeplau. –
Freiburg i. Br.: Christophorus-Verlag;
Lahr/Schw.: Kaufmann, 1984.
ISBN 3-419-52260-6 (Christophorus)
ISBN 3-7806-2137-1 (Kaufmann)

Reproduktionen: Rete, Freiburg

Druck und Verarbeitung: B & K, Ottersweier

Printed in Germany

Wolfgang Poeplau

IN DIE MITTE DER WELT FÜHRT DEINE SPUR

Christophorus-Verlag · Freiburg im Breisgau
Verlag Ernst Kaufmann · Lahr

OSTEN

Die Ewigkeit ist der Frühlingswind,
der von den Bergen kommt.

Bevor wir beim Namen gerufen wurden

Im Anfang war das Schweigen.
Das Schweigen der Felsen,
des Himmels, der Gräser.
Das Schweigen der Nacht
und des Schöpfungsmorgens.

Lange bevor alles beim Namen genannt wurde,
bevor Berg zu Berg,
Stein zu Stein,
Erde zu Erde wurde,
war schöpferisches Schweigen.
Ewigkeit aller Ideen und Worte,
Respekt des Lebens vor dem Geheimnis.

Bevor ich,
bevor wir alle
beim Namen gerufen wurden,
war die Welt wortlos.

Wenn wir mit den Bäumen sprechen

Vier heilige Namen gab der Schöpfer den Menschen.
Nur wenigen Menschen gab er sie,
nur jenen, die weise genug waren,
sie richtig zu gebrauchen.
Denn die heiligen Namen haben die Kraft,
das Antlitz der Erde zu verändern.

Der erste Name ist der Name der Sonne,
denn sie gibt Wärme und Licht und läßt die Pflanzen reifen.
Der zweite Name ist der Name
der großen Ströme, der Flüsse und Bäche,
denn wir trinken ihr klares Wasser.
Der dritte Name ist der Name des Waldes,
denn die Wälder sind älter als die Menschen
und werden sein, wenn wir längst nicht mehr sind.
Der vierte Name ist der Name der Erde und des Staubes,
zu dem wir zurückkehren müssen.

Eines Tages werden alle Menschen
die heiligen Worte verstehen und gebrauchen lernen.
Dann wird eine einzige Sprache sein.

Wenn wir die Tiere verstehen,
sind wir auf dem richtigen Pfad.
Wenn wir mit den Bäumen sprechen,
wissen wir: die Stunde ist gekommen!

Jeder hat ein Lied

Ich habe ein Lied und du ein anderes.
Jeder hat ein Lied,
um die Leere der Herzen zu füllen.
In der Schatzkammer Seele
liegt ein Psalm verborgen,
den singt man nicht laut.

Du und ich
wir müssen ihn inwendig
zum Klingen bringen,
eine Saite spannen vom Herzen zum Verstand.

So singen wir die Welt
leise zum Himmel empor.

Auf der Decke der Mutter Erde

Eine Mutter bringt ein Kind zur Welt.
Sie nährt es, hält es in den Armen.
Sie gibt ihm einen Platz auf ihrer Decke,
einen Platz an ihrer Brust.

Eine Frau kann viele Kinder gebären.
Jedem gibt sie einen Teil von sich selbst,
jedem gleich viel,
dem Ersten wie dem Letzten,
dem Stärksten wie dem Schwächsten.

Freigebig wie eine Mutter ist auch die Erde.
Ihr Mantel ist weit, ihre Schüsseln sind gefüllt.
Auf der Decke der Mutter Erde
ist Platz für alle Menschen.

Die Ungeborenen haben denselben Anspruch
wie die Lebenden.
Der Mensch ist nur Verwalter, nicht Besitzer.
Er muß sein Stück der Erde den Kindern geben.
Sterbende lassen ihr Gewand zurück
und nehmen nichts mit.
Das ist das Erbe der Menschen:
zu kommen, zu empfangen und zu verschenken.

Kein Mensch kann seine Mutter besitzen.
Keiner kann die Erde zu seinem Eigentum machen.

Wir sind wie die Blumen

Oft sitze ich in der Wüste
und schaue die Blumen an mit all ihren schönen
rosa Blüten und frage mich:
Wer hat euch gesagt, daß es Frühling ist
und daß ihr blühen sollt?

Und ich denke nach und komme immer wieder
auf dieselbe Antwort:
Das, was größer ist als wir,
lehrt alle Lebewesen, was sie tun sollen.

Wir sind wie die Blumen.
Wir leben und sterben
und aus uns selber heraus wissen wir nichts.
Aber das, was größer ist als wir,
lehrt uns – lehrt uns zu leben.

Unsere älteren Brüder

Als die ersten Menschen auf die Welt kamen,
waren sie hilflose Kinder.
Da hatten die Tiere Mitleid mit ihnen.
Sie brachten Früchte und Beeren und boten
ihr Fleisch als Nahrung an.
Die Menschen konnten verstehen, was die Tiere sagten,
und die Tiere verstanden die Menschensprache.
Dadurch war es möglich, daß der Mensch seinen Brüdern,
den Tieren, immer schwerere Lasten aufbürdete.
Statt selbst zu Fischen und zu Jagen,
ließ er Vögel und Bären für sich arbeiten.
Wollte er ein Kaninchen, schickte er den Adler,
wollte er den Saft des Ahornbaumes,
ließ er den Specht Löcher bohren.

Lange Zeit dienten die Tiere ohne Murren.
Doch sie kamen nicht mehr dazu,
für ihre eigenen Bedürfnisse zu sorgen.
Dienen brachte Armut und Not – und der Mensch war
gleichgültig gegenüber dem Schicksal seiner Brüder.
Da sagten die Tiere zueinander:
Der Mensch hat unsere Großherzigkeit mit Undank vergolten.
Er hat uns versklavt, obwohl er uns sein Leben verdankt.
Deshalb wollen wir nicht mehr seine Sprache sprechen.
Jeder soll für sich selbst leben.
Vielleicht wird der Mensch lernen.
Vielleicht wird er eines Tages verstehen,
daß er ohne seine älteren Brüder hilflos ist,
hilflos wie am Tage seiner Geburt.

Vater Sonne, Mutter Erde

Nein, ich bin keine Waise!
Nur zu lange fortgewesen –
im Steineland, im Schattental.
Als Kind einst von der Hand gerissen voll Übermut
und fremde Pfade gegangen.
Vom Ehrgeiz gepackt,
vom Glanz geblendet,
nur der eigenen Kraft vertrauend.

Das Leben hat mich arm und fremd gemacht.

Vater Sonne, Mutter Erde,
nicht länger müßt ihr suchen!
Seht, hier bin ich, euer Kind.
Ich kehre heim.
Vor der Türe eures Hauses
werdet ihr mich finden
in der Morgendämmerung.

Nehmt mich in die Arme
und verzeiht.

SÜDEN

Eine geheimnisvolle Kraft,
eine stille Wirksamkeit
zieht die Wolken,
wäscht den Stein,
gräbt die Erde,
reißt mir das Herz aus.

Ein Garten Eden

Ich habe weder Haus noch Heimat.
Mit den Wolken gehe ich
vom Unbekannten ins Unbekannte,
drücke meine Fußspur in die Enden der Welt.

Entblößt aller Sicherheiten,
gründe ich Leben im Grundlosen,
nehme Land auf Wüstenerde,
der Hoffnung einen Schoß zu bereiten.

Und die Berge sind meine Zeugen
und der schweigende Himmel.
Traum über mir.
Schatten über meinem Schatten.

Jede Nacht flüstert ein Engel mir zu:
Zahllos wie die Sterne,
wie der Sand des Meeres.
Und:
Ein Garten Eden.

Ich öffne die Augen

Wind geht über mich hinweg,
Feuer verbrennt mich,
Sonne trinkt mich leer.
Zehntausend Sommer schon durchlebt, durchlitten.

Es schmerzt nicht mehr.
Ohne Zweige, ohne Blätter,
ohne Rinde und Saft
kehre ich schweigend das Sein nach innen,
öffne die Augen einer anderen Welt.
Stille der Neugeburt.
Schon gesäte Asche.

Eine fremde Spur

Es ist etwas, das ich fühle,
etwas, das nicht ins Bewußtsein dringt.
Auf den Steinen steht es geschrieben,
ich kann es nicht entziffern.
Der Himmel spiegelt es,
ich bin blind.
Manchmal lacht es, manchmal weint es.
Immer ist es voll Unruhe,
immer sehnt es sich.
Oft durchkreuzt es
schmerzhaft meine Pläne.
Nie gradlinig,
nie zielstrebig,
Irrweg an Irrweg,
Bruch an Bruch.

Mitten durch mein Leben
verläuft eine fremde Spur.

Wüstenwasser

Wüstenwasser.
Bitterer Quell.
Tränen und Schweiß, Lachen und Trunkenheit.
Wüstenwasser – kostbar wie das Leben.
Mangel macht Wert bewußt.
Fehlen läßt vermissen.

Überflußmenschen
kehren nicht zur Quelle zurück.

Der Baum ist verdorrt

Einmal hat der Große Geist mich
in die Mitte der Welt gestellt und mir
die Güte und Schönheit und Seltsamkeit der Erde
und ihrer Geschöpfe gezeigt.
Er hat mir die Augen geöffnet für ihre Eigenart,
und ich erkannte, daß alle Dinge dasselbe Wesen haben.

Dann hat der Große Geist einen heiligen Baum
in den Kreis meines Volkes gepflanzt
und mir aufgetragen,
ihn zum Blühen zu bringen.

Hier, in der Mitte der Welt,
wo der Große Geist mich unterwiesen hat,
als ich jung war,
stehe ich nun, alt und bedauernswert,
und bekenne unter Tränen,
daß der Baum verdorrt ist.

Noch einmal,
vielleicht zum letzten Mal,
will ich meinen Traum wachrufen.
Könnte es nicht sein, daß eine kleine Wurzel
des heiligen Baumes überlebt hat?
Könnte es nicht sein, daß er neu zu wachsen
und zu blühen beginnt,
damit wir Heimat finden in seinem Schatten?

Es ist schwer zu leben

Du wirst Krankheit und Gesundheit,
gute und schlechte Zeiten erfahren.
Es gibt viele Gefahren und Niederlagen
auf dem Lebensweg der Menschen.
Du wirst weiterleben,
während andere sterben müssen.
Du wirst traurig sein,
während andere lachen.
Vergiß nicht:
Das Leben in all seinen Stadien,
vom Kindes- bis zum Greisenalter
leben zu dürfen,
ist das größte Geschenk,
das die Natur den Menschen macht.

Es ist leicht zu sterben,
es ist schwer zu leben.
Wir müssen dankbar sein.

Alles hat seinen Geist

Ein Tal, ein Berghang, ein Gehölz.
Rühre nichts an, keinen Stein, hörst du!
Zerstöre nichts, keinen Grashalm, keinen Baum.
Laß die Sandkörner an ihrem Platz und die Berge.
Alles hat seinen Geist.
Was willst du verändern,
was könntest du besser machen?

Ganz von selbst erhebt sich Abendwind
und schließt die Blüten.

WESTEN

Über unbekannte Wege
treibt der Wind die Wolken.
Die Berge im Westen –
einmal überschreite ich sie wohl.

Ich bin ein Felsen

Ich bin ein Felsen.
Ich habe Leben und Tod gesehen.
Ich habe Glück erfahren, Sorge und Schmerz.
Ich lebe ein Felsenleben.
Ich bin ein Teil unseres Vaters,
des großen Geheimnisses.
Ich habe seinen Kummer gefühlt und seine Weisheit.
Ich habe seine Geschöpfe gesehen,
meine Brüder, die Tiere,
die redenden Flüsse und Winde,
die Bäume, alles, was auf Erden ist.

Ich bin mit den Sternen verwandt.
Ich kann sprechen, wenn du zu mir sprichst.
Ich werde zuhören, wenn du redest.
Ich kann helfen, wenn du Hilfe brauchst.
Vielleicht denkst du, ich sei bloß ein Felsen,
der in der Stille daliegt
auf weitem Grund.
Aber das bin ich nicht.
Ich bin ein Teil des Lebens.
Ich lebe!

Schau in die Tiefe

Vor vielen Sommern gab es südlich des Großen Flusses
einen Berg, der war so hoch, daß sein Schatten
eine Tagesreise weit reichte.
Die alten Männer sagten, ein böser Geist wohne in seiner Tiefe.
Kein Mensch könne etwas gegen ihn ausrichten.
Das ärgerte den Häuptling des Stammes,
und er legte die Kriegsbemalung an, nahm seine Waffen
und stieg zur Spitze des Berges hinauf.
Oben angekommen, sah er einen großen Krater,
aus dessen Schlund Qualm und gelber Rauch aufstiegen.
Der Häuptling hob einen Stein und schleuderte
ihn in den Abgrund. Ein Grummeln, Donnern und Zischen,
dann flog ein roter Feuerball in
den Himmel und schlug am Fuß des Berges ein.
Der Häuptling wurde zornig und warf noch mehr Steine hinab.
Sie kamen als glühende Klumpen zurück
und verwüsteten das Land. Die Flüsse trockneten aus,
die Bäume fingen Feuer, Tiere und Menschen
starben im Aschenregen.
Voller Schmerz und Entsetzen sah der Häuptling, was er
angerichtet hatte, und er beschloß, in den Krater hinab-
zusteigen und den bösen Geist zum Kampf zu stellen.
Am Grund des Kraters war ein
dunkler, geheimnisvoller See.
„Geist der Tiefe, komm und zeige dich!" rief der Häuptling.
„Ich bin ein mächtiger Krieger und habe viele Feinde
getötet. Ich will mit dir kämpfen!"
Da hörte er eine Stimme: „Schau in die Tiefe!"
Und als der Häuptling herabblickte, sah er im dunklen
Wasser des Kratergrundes sein eigenes Gesicht...

Ich habe meinen Weg gefunden

„Du wirst es zu nichts bringen", sagte der Vater.
„Ungeschickt bist du beim Jagen, langsam beim Laufen,
schwach beim Kampf mit deinen Gefährten.
Du hast nichts im Kopf, als dem Gesang der Vögel zu lauschen."
Und der Sohn schwieg und senkte den Blick.
„Oben, in der Einsamkeit der Berge,
werde ich für dich ein Zelt bauen. Dort wirst du bleiben,
bis du ein Mann geworden bist."

Die Tage vergingen. Der Sommer eilte dahin und der Herbst.
Da reute es den Vater, und er machte sich auf
zum Zelt seines Sohnes.
Er fand es verlassen und leer.
Soviel er auch suchte und rief, sein Sohn blieb verschwunden.
Allein kehrte der Vater ins Dorf zurück.
Trostlos und dunkel waren fortan seine Tage.
Seine einzige Freude war ein Rotkehlchen,
das neben dem Zelt in einem Busch sein Nest
gebaut hatte und jeden Morgen und jeden Abend
ganz wunderbar sang.
Der Vater wurde alt und einsam.
Da hörte er im Traum die Stimme seines Sohnes:
„Mein Vater, als ich ein kleiner Junge war,
liebte ich dich und wollte dich glücklich machen.
Aber ich vermochte es nicht.
In den Bergen habe ich meinen Weg gefunden.
Ich bin ein Vogel geworden, Vater, und singe für dich.
Mein Lied wird deinen Schmerz besiegen
und deine Tränen trocknen."

Die Steine bewegen sich

Steine können sich nicht bewegen.
Aber ein weiser Mann hat mir gesagt:
„Einige bewegen sich."
Alles ist von einem lebendigen Geist erfüllt.
Er ist hier und dort und überall,
und für seine Kraft gibt es keine Grenzen.
Die ganze Schöpfung ist sein Werk.
Die Vögel fallen nicht vom Himmel,
die Ameisen kennen ihren Weg,
die Muttertiere wissen,
wann die Stunde gekommen ist,
das Junge zu werfen.

Die Alltäglichkeit der Welt
ist ein großes Wunder.
Daß die Steine sich bewegen,
auch das ist ein Wunder.
Man kann nicht sagen, warum es so ist,
aber es geschieht.
Wer sagt, daß sich Steine nicht bewegen,
dessen Verstand ist starr
und dessen Herz ist unbeweglich geworden.

Nie bin ich einsam

Nie bin ich einsam im Schatten der Berge,
nie allein in der Wüstenebene.
Der Stimme des Felsens lausche ich,
dem Rufen der Erde,
dem Flüstern der Sterne in der Nacht.
Fragt man mich, was sie sagen,
keine Antwort weiß ich.
Wie soll ich
ihr Schweigen weitersagen?

Alle Steine dieser Welt

Die Menschen lieben die Berge.
Sie freuen sich über ihre Schönheit,
über die Farben und Formen des Gesteins,
über die leuchtenden Edelsteine.

Kinder sind arm.
Sie wissen nichts vom Reichtum der Berge.
Sie können sich nicht darüber freuen wie Erwachsene.
Sie sehen die Welt auf eine andere Weise.
Sie wissen, was Armut bedeutet, sie kennen den Hunger,
die Krankheit, die drohende Gefahr.
Wenig gibt es, was ihnen Freude macht.

Gott sandte einen Boten,
die Steine von den Bergen zu sammeln
und in den Wind zu werfen.
Und die Steine verwandelten sich in Schmetterlinge.
Bunt und schillernd tanzten sie im Sonnenlicht.
Da spielten die Kinder mit den Schmetterlingen,
und ihre Herzen wurden leicht.

Einmal kommt ein guter Gott,
alle Steine der Welt
in Schmetterlinge zu verwandeln.

NORDEN

Ich war hier.
Ich mußte gehen.
Es blieben keine Spuren.
Aber der weite Himmel
hat mein Lied gehört.

Der Stimme des Herzens folgen

Voller Aufregung kehrte der junge Adler ins Nest zurück.
Er hatte seinen Vater gefunden,
verletzt, mit gebrochenem Flügel.
Und Mutter Adler warf sich in die Luft
und eilte zu ihrem Mann.
Sie fand ihn in einem jammervollen Zustand.
„Morgen müßt ihr nach Süden aufbrechen!" befahl der
alte Adler unter Schmerzen. „Der Winter kommt. Es ist Zeit!"
Aber davon wollte seine Frau nichts wissen.
„Wir werden warten, bis es dir besser geht."
„Nein", sagte der Adler, „es ist aussichtslos. Der Flügel
wird nicht heilen. Wenn ihr euch retten wollt vor dem
ersten Schnee, dürft ihr nicht einen Tag zögern."
„Nie werden wir dich im Stich lassen!" rief die Adlerfrau.
„Manchmal muß man der Pflicht gehorchen", sagte der Adler,
„manchmal darf man der Stimme des Herzens folgen.
Unser ganzes Leben müssen wir lernen,
das eine vom anderen zu unterscheiden."
Da befahl die Adlermutter ihren Kindern:
„Fliegt morgen, wenn die Sonne aufgeht, nach Süden."
Und die jungen Adler jammerten und klagten,
aber sie gehorchten schließlich.
Der alte Adler und seine Frau blieben zurück –
und der Winter kam und der erste Schnee fiel...

Im Frühjahr, als die Sonne die Erde zu neuem Leben weckte,
kehrten die jungen Adler zurück und suchten die Stelle,
wo sie Vater und Mutter verlassen hatten.
Sie fanden nur einige schmutzige, zerfetzte Adlerfedern.

Wir sind Kinder zweier Welten

Einst kam ein Mondmädchen auf die Erde,
um auf der Lichtung am Fluß mit den Tieren zu spielen.
Ein junger Krieger sah sie und verliebte sich in sie.
Auch das Mädchen fand Gefallen an dem Erdenmenschen.
Es vergaß seine himmlische Heimat und willigte ein,
seine Frau zu werden.
Als ein Jahr vergangen war, hatten beide einen Sohn.
Der junge Krieger freute sich, doch seine Frau wurde
von Jahr zu Jahr unglücklicher.
Immer wieder erzählte sie ihrem Kind von der Mondheimat.
Da begann auch der Sohn, sich nach dem Mond zu sehnen.

Eines Tages, als der Krieger von der Jagd nach Hause kam,
war das Zelt verlassen. Seine Frau und sein Kind
waren auf einem Himmelsschiff zum Mond gefahren.
Wie freute man sich dort über ihre Ankunft!
Unten aber, auf der Erde, weinte ein junger Mann.

Der Erdensohn wuchs heran und wurde ein tapferer Krieger.
Aber er war nicht glücklich.
„Ich möchte zurück zu meinem Vater!" flehte er die
Mutter an. Und weil sie ihn liebte und seinen Kummer sah,
willigte sie ein.
„Aber bedenke", sagte sie zum Abschied, „du bist
das Kind zweier Welten. Lebst du in der einen,
wirst du dich nach der anderen sehnen."

Ihr Sohn kehrte zur Erde zurück.
Und es geschah, wie seine Mutter gesagt hatte.

Der gute Pfad

Danke Gott für all seine Gaben.
Achte das Leben in all seinen Formen,
damit dein Leben Hilfe findet.
Achte die Alten.
In ihnen achtest du Leben und Weisheit.
Achte die Frauen.
In ihnen achtest du das Geschenk des Lebens
und der Liebe.
Achte die Freundlichkeit.
Freundlich bist du, wenn du deinen Besitz teilst.
Halte dein Wort,
und du wirst wahrhaftig sein.
Sei friedfertig.
Durch Friedfertigkeit gelangst du zum Frieden mit dir.
Sei mutig.
Mut läßt alle guten Kräfte wachsen.
Sei maßvoll.
Sieh hin, hör zu und denke nach,
dann wird alles, was du tust,
sinnvoll sein.

Alle Wesen gehen zur Mutter

Mutter Erde gibt Leben und nimmt es zurück.
Sie ist nicht grausam.
Sie liebt ihre Kinder,
und ihre Kinder kommen und suchen Trost.

Alle Wesen gehen zur Mutter.
Wenn die Blume welkt, beugt sie das Haupt zur Erde.
Auf den Boden legen sich die Tiere,
wenn sie sterben wollen –
Adler und Reh.

Auch ich will, wenn die Stunde kommt,
in den letzten Augenblicken meines Lebens
auf der Erde ruhen.
Dann bin ich – wie bei der Geburt –
der Mutter am nächsten.

Am Ende meines Weges

Am Ende meines Weges ist ein tiefes Tal.
Ich werde nicht weiterwissen.
Ich werde mich niedersetzen und verzweifelt sein.

Ein Vogel wird kommen und über das Tal fliegen,
und ich werde wünschen, ein Vogel zu sein.
Eine Blume wird leuchten jenseits des Abgrundes,
und ich werde wünschen, eine Blume zu sein.
Eine Wolke wird über den Himmel ziehen,
und ich werde eine Wolke sein wollen.

Ich werde mich selbst vergessen.
Dann wird mein Herz leicht werden
wie eine Feder,
zart wie eine Margerite,
durchsichtig wie der Himmel.

Und wenn ich aufblicke,
wird das Tal nur ein kleiner Sprung sein
zwischen Zeit und Ewigkeit.

Ein neuer Frühling

Was gewesen ist, kehrt nicht zurück.
Keine Blume lebt und stirbt,
um in gleicher Form ein zweites Mal zu blühen.
Ist sie verwelkt, bleibt die Erinnerung
an ihre Schönheit und das Versprechen
eines neuen Frühlings.
Würden die alten Zeiten zurückkehren,
würden wir ein zweites Mal leben:
Was könnten wir erhoffen?
Welche Träume wären noch zu verwirklichen?

In die Mitte der Welt führt deine Spur

Der Indianer hebt den Arm und macht eine kreisende Bewegung. „Wir Navajos leben noch", sagt er. „Viele sind aus den Reservationen fortgegangen, aber es gibt andere, die sich besinnen, daß sie Indianer sind. Wir sind ein schweigsames Volk, aber wir haben der Welt etwas zu sagen. Vielleicht gerade heute." Und dann, nach einer Weile, so, als blicke er in eine ferne Zukunft: „Wir haben Zeit, viel Zeit..."

Ich stehe neben dem Navajo auf einem Klippenplateau im Monument Valley (Arizona). Wir blicken über eine weite Ebene, aus der sich bizarre Felsgruppen wie mächtige Festungen gen Himmel erheben. Vor einer Stunde noch fiel Schnee auf die rote Erde – jetzt bricht Frühlingssonne durch die Wolken.

Ein einzigartiges Panorama. Kulisse für Wildwestfilme, Reisereklame, Zigarettenwerbung – Klischees, die wir im Kopf haben, wenn es um die Indianer Nordamerikas geht. Mal sind sie feige Pferdediebe oder blutrünstige Bestien, dann wieder heldenhafte Krieger und edle Naturkinder; man sah Indianer immer so, wie man sie sehen wollte. Für die wenigen Weißen, die sie wirklich zu Gesicht bekamen, waren sie merkwürdige Zeitgenossen, die anders lebten, handelten und dachten, als weiße Vernunft begreifen konnte.

Heute ist es Zeit, die Klischees über Bord zu werfen. Ein neues Interesse am kulturellen Erbe der Indianer ist erwacht. Wie aber soll man sich Menschen nähern, deren Pfad so verschieden von dem anderer Völker verlief, über deren Kultur schriftliche Zeugnisse fehlen und deren Geschichte erst seit wenigen Jahrzehnten erforscht wird?

Machen wir es wie die Indianer selbst, wenn sie ihre Kinder in die Sitten und Gebräuche des Stammes einführten: lassen wir die Mythen und Legenden der Indianer zu Worte kommen, wie sie von den weisen Männern, von den Großeltern, von den Schamanen immer und immer wieder erzählt wurden.

Einfache Geschichten, die gradlinig verlaufen, damit die Phantasie sich an ihnen entzünden kann. Vordergründig berichten sie von Tieren, Pflanzen, Göttergestalten, von den ersten Menschen. Doch sie loten die ganze Tiefe menschlicher Existenzerfahrung aus. Sie sind Lebensweisheit, nicht durch intellektuelle Einsicht gewonnen, sondern durch das „Schmecken" und Auskosten der Lebenswirklichkeit. Es gibt keine komplizierten Gedankengänge, kein festes Lehrgebäude, keine Dogmen. Die Logik indianischer Denkweise ist die Logik der Pflanzen, der Steine, des Windes. Alles ist belebt, beseelt, hat Anteil am Geist des Universums. Mensch und Natur bilden eine Einheit, sind eine Schicksalsgemeinschaft. Wind und Sonne, Wasser und Erde – die vier Elemente – ordnen den Kosmos, die Zeit, das Leben der Menschen. Im Ablauf des Jahreskreises spiegelt sich die Harmonie der göttlichen Schöpfungsordnung. Das Leben der Menschen innerhalb dieser Ordnung wird nicht idealisiert und verklärt, aber auch nicht als Leidensweg betrachtet. Alles hat seinen Platz, seine Aufgabe, nichts kann geschehen, was sinnlos wäre. Abgrundtiefe Trauer und dumpfe Resignation können nicht Herr über den Menschen werden. Auch der Tod – zentrales Thema vieler Erzählungen – büßt einen Teil seines Schreckens ein.

Für den Indianer gibt es keine unüberwindbaren Grenzen – auch nicht die zwischen Leben und Tod, Diesseits und Jenseits. Der Kern seiner Persönlichkeit, das, was ihn zum Menschen macht und was der Tod nicht zerstören kann, wird allein von seinen Träumen und Visionen geformt. Jeder Indianer müht sich um „seine" Vision, denn er muß sie ausleben, muß ihrem Inhalt konkreten Ausdruck in seinem Leben verleihen, sei es auch noch so schwer.

Visionäre Träume und Lieder nehmen einen entscheidenden Platz in der Kultur vieler Indianerstämme ein. Was davon überliefert wurde, verfehlt auch heute seine Wirkung auf den Zuhörer nicht. Zugleich macht es schmerzlich die Entfremdung bewußt, an die wir Menschen einer Industriegesellschaft uns gewöhnt haben: fehlender Zugang zur Natur, mangelnde Erfahrung mit Grundvollzügen des Lebens, Schwierigkeiten im Umgang mit Leid und Tod, Sinnkrise, Zukunftsangst.

Die Texte dieses Buches sind authentisch und subjektiv zugleich. Authentisch, weil den Mythen, Märchen und Liedern der nordamerikanischen Indianer entlehnt; subjektiv, weil von meinen eigenen Gedanken und Empfindungen umgeformt. Ich gebe wieder, was ich gesehen habe, was ich zu verstehen glaube. Die Bilder dieses Bandes – in den US-Bundesstaaten Kalifornien und Arizona entstanden – waren Katalysatoren dieses geistigen Prozesses.

„Ich überlasse es dir, alles auf deine eigene Art, zu der für dich richtigen Zeit und gemäß deinen Kräften des Geistes und des Herzens zu verstehen!" heißt es am Schluß einer Ojibwa-Legende. Ich wünsche uns allen dieses rechte Verständnis.

Wolfgang Poeplau

Quellenverzeichnis: S. 10: Salishan / S. 12, 36, 54: Ojibwa / S. 16: Yuma; S. 42: Mohawk, aus: Weißt du, daß die Bäume reden? Verlag Herder & Co., Wien 1983, © Akwesasne Notes, Mohawk Nation at Akwesasne, USA / S. 34: Sioux/S. 64: Ojibwa, aus: Basil Johnston, Und Manitu erschuf die Welt. Eugen Diederichs Verlag, Düsseldorf/Köln, 2. Aufl. 1981